Michael Welder
Schönes Danzig

Michael Welder

Schönes DANZIG

Perle des Ostens

Verlag Gerhard Rautenberg

Alle Texte und Aufnahmen dieses Buches stammen von Michael Welder.

Die Deutsche Bibliothek – CIP-Einheitsaufnahme

Welder, Michael:
Schönes Danzig : Perle des Ostens / Michael Welder. – Leer : Rautenberg, 1995
(Perlen des Ostens ; 1)
ISBN 3-7921-0547-0

Gesamtherstellung:
Rautenberg Druck GmbH, 26787 Leer

Printed in Germany
ISBN 3-7921-0547-0

Danzig, die Königin der Ostsee

Danzig hat Glück gehabt – von allen Städten des Deutschen Ostens, die 1945 verloren gingen, hat sie den größten Bekanntheitsgrad. Stettin, obwohl unweit der deutschen Grenze gelegen, oder Breslau, obwohl zu deutscher Zeit mehr als doppelt so groß wie Danzig, können hierin der „Königin der Ostsee" nicht das Wasser reichen. Für alle nach dem Zweiten Weltkrieg an Polen gefallene Landstriche gilt, daß die Mehrheit aller Deutschen sie erst seit 1972 regulär bereisen durfte, da vorher für Westdeutsche keine polnischen Touristenvisa ausgestellt wurden – für DDR-Bürger war Polen weitaus früher zugänglich.

Der Ehrentitel „Königin der Ostsee" ist respektheischend, denn Kopenhagen und Stockholm sind schließlich keine Kleinstädte. Und St. Petersburg als „Weltzentrum der Kunst und Kultur" (bis 1918) ist zweifelsohne die spektakulärste Ostseestadt überhaupt. Nur – Danzig war schon „Königin", als es St. Petersburg noch gar nicht gab: um 1650 zählte Danzig rund 77 000 Einwohner und war damals nach Prag, Köln und Straßburg Mitteleuropas größte Stadt. St. Petersburg wurde erst 1703 gegründet. Der Ehrentitel bezieht sich also mehr auf vergangene Jahrhunderte, als nämlich Danzig nach dem Ende der Ordenszeit zu einem führenden Zentrum der Hanse aufstieg. Bis zum letzten Hansetag 1669 hielt sie die überragende Position in diesem Städtebund im östlichen Ostseegebiet, so wie es für Brügge als größtem internationalen Verkehrszentrum in Mittel- und Westeuropa galt. Die Hanse war in Quartiere aufgeteilt und Danzig war Haupt des preußischen Quartiers, das beispielsweise Königsberg und alle livländischen sowie übrigen östlichen Hansestädte (wie etwa Breslau und Krakau) einschloß. 1454 sagte sich Danzig mit vielen preußischen Städten vom Deutschen Orden los und unterstellte sich für über 300 Jahre der polnischen Krone. Große Teile Westpreußens (offiziell: Preußen Königlichen Anteils) und die Städte Danzig, Elbing und Thorn huldigten bis 1772 bzw. 1793 dem polnischen König, was letztgenannten Städten weitgehende Freiheiten bescherte, die es im zentralistisch straff geführten Ordensstaat nicht gab. Insbesondere Danzig bildete in seiner „Polnischen Zeit" de facto eine Stadtrepublik vom Stile Venedigs, denn ihm oblag die Wehrhoheit und das Recht, selbständig Verträge zu schließen, also mit rotem Wachs zu siegeln, wie es nur selbständigen Staaten zukam. In der Kronkolonie Hongkong, die 1997 an China fällt, findet sich ein treffender heutiger Vergleich zum damaligen Danzig: formal ist die chinesische Hafenstadt ja auch der britischen Krone unterstellt, aber viel hat Großbritannien in Hongkong nicht zu melden: Hongkong „managt" seine eigenen Angelegenheiten.

Stadtrepublik

Hierin liegt die Ambivalenz der Danziger Geschichte, daß die ökonomisch-kulturelle Blüte großenteils mit seiner „Polnischen Zeit" zusammenfällt. Der deutsch-polnische Streit am Ende des Ersten Weltkrieges und der interpretatorische Streit nach dem Zweiten Weltkrieg um Danzigs Geschichte, Wirtschaft und Kultur, um seine Menschen und Leistungen waren gewissermaßen vorprogrammiert. Allerdings war auch das deutsch besiedelte Schleswig-Holstein mit seiner dänischen Minderheit über einen noch viel längeren Zeitraum (1386–1864) als im Danziger Fall der

Interpretatorischer Streit

dänischen Krone unterstellt, ohne daß Dänemark nach dem Ersten Weltkrieg alles Land von Deutschland bis hinab nach Hamburg gewünscht haben würde, nur weil es ein halbes Jahrtausend zur dänischen Krone gehört hatte. Es mußten hier also noch weitere Komponenten hinzukommen, die erklären helfen, warum kein Däne vom Fischer bis zum Finanzminister je auf die Idee gekommen war, alle Bürger zwischen Flensburg und Hamburg-Altona zu sprachlich-ethnischen Dänen zu erklären, wiewohl doch besagtes Gebiet bis Mitte des 19. Jahrhunderts zu Dänemark gerechnet wurde.

Staatsrechtliche Zuordnung versus Sprachnationalität

Staatsrechtliche Zuordnung und jeweilige Sprachnationalität sind in Europa häufig zwei Paar Stiefel, was übrigens auch die Polen, um die es ja im zu skizzierenden Danziger Beispiel geht, durchaus wußten und wissen – freilich nur, wenn es vorteilhaft war.

So habe ich auf meinen durch West- und Ostpreußen geführten Studienreisen in den 70/80er Jahren ein ums andere Mal mit polnischen Kollegen diskutiert und keinen rechten Erfolg gehabt, sie vom deutschen Danzig über die Jahrhunderte hinweg zu überzeugen. Ja, vom „deutschen Danzig", denn uns Touristen wurde es ja prononciert als immer „polnisches Gdańsk" vorgeführt. Nicht im Sinne der soeben dargestellten staatsrechtlichen Zuordnung, sondern als eine polnische Großstadt wie etwa Lublin.

„Kuh ist vom Eis"

Heute, im Jahr 5 nach der Wende, muß man schmunzeln: diese geschichtliche „Kuh ist vom Eis". 1989 veröffentlichte ja die „Gazeta Wyborcza" die Danziger Einwohnerstatistik von 1925 und nun weiß auch jeder Gutwillige drüben Bescheid: von 383 995 Einwohnern des Freistaats waren nach der Muttersprache aufgeschlüsselt: deutsch 348 492 Einwohner (95 Prozent), polnisch und kaschubisch 11 745 Einwohner (3,2 Prozent), deutsch neben polnisch 1257 Einwohner (0,3 Prozent), russisch 2628 Einwohner (0,7 Prozent), jiddisch 602 Einwohner (0,2 Prozent) und andere 2005 Einwohner (0,6 Prozent). Mehr als 3,5 Prozent polnische Muttersprachler kamen also nicht zusammen. Verständlich nun, daß sich der polnische Stimmenanteil bei den freien Danziger Volkstagswahlen auch immer nur auf etwas über 3 Prozent belief. In Berlin lebten mit 22 500 Polen übrigens zur selben Zeit doppelt soviele wie im Danziger Freistaat.

Der Schwindel im Danziger Fall lag nun in einer magischen Erhöhung der polnischen Vorkriegsbevölkerung auf 15 Prozent oder rund 60 000 Polen der Danziger Einwohnerschaft bereits im Polnischen „Gutenberg-Lexikon" der Vorkriegszeit (zu mehr Prozenten mochte man sich damals angesichts des für jedermann erkennbar deutschen Danzigs nicht „vorwagen"). Aber nach dem Zweiten Weltkrieg, nach Flucht und Vertreibung von etwa 400 000 Danzigern, kam die Vollpolonisierung zurück in die Geschichte. Was waren das noch für Stadtrundgänge Anfang der 80er Jahre, als unsere polnischen „Piloten" von den vielen Menschen erzählten, die Danzig schufen und belebten, von Polen, Holländern und Schotten, gelegentlich auch von Preußen und Danzigern (wer immer das nun war!) – aber von Deutschen kein Sterbenswörtchen über die Lippen bekamen. Ich denke, fast alle Polen haben das Erzählte wirklich geglaubt (so wie noch heute an den Polen Kopernikus), denn mehrere Male fragten Danziger Stadtführer meine mitreisenden Alt-Danziger Touristen, warum sie eigentlich kein Polnisch sprächen!

Die heutigen Touristen können sich die geistigen Purzelbäume jener Jahre kaum noch vorstellen und deshalb erwähne ich diese Kontroverse zwischen Polen und Deutschen hier im Vorspann. So vieles geht in der Erinnerung verloren und wird bei einer Bilanz des erreichten Fortschritts im Nachbarschaftsverhältnis zwischen Polen und Deutschen dann nicht mehr berücksichtigt. Wer 20 Jahre als Reisender zwischen beiden Völkern unterwegs ist, schreibt aus Freude am Fortschritt das Vergangene auf. Staatsrechtliche Zuordnung und Sprachnationalität waren über Jahrhunderte in Ostmitteleuropa nicht deckungsgleich. Wer nachdachte und -denkt, weiß dies. Und während unzähliger Reisen mit begleitenden Polen kamen mir herrliche Vergleichsbeispiele in den Sinn, um die „Danzig-Frage" zu erörtern. So wie Westpreußen 1466 im Vertrag von Thorn zur polnischen Krone, kam Galizien 1772 bis 1918 als Kronland zur Habsburger Monarchie. Die Bewohner Südpolens waren jetzt österreichische Untertanen, aber kein polnisches Lexikon würde je eine wichtige polnische Persönlichkeit jener Zeit zum „Österreicher" erklären, worunter man (auch schon wegen des Bedeutungswandels) eher einen Deutsch-Österreicher verstehen würde. Oder nehmen wir Krakau im Vergleich zu Danzig zur Jahrhundertwende: Damals zählte die alte polnische Königsstadt 91 323 Einwohner, wovon 6576 Deutsche waren, also 7 Prozent. Keiner käme doch nun auf die Idee, deshalb Krakau für das Deutschtum der Neuzeit zu reklamieren – obgleich übrigens bis etwa 1550 die Krakauer Einwohnerschaft durchaus eine deutsche Mehrheit hatte. Mit solch hohen Prozenten konnte das Polentum umgekehrt in Danzig nie aufwarten, umso bemerkenswerter also die frühere Versessenheit auf ein vermeintlich historisches polnisches Gdańsk.

Und damit sind wir wieder bei der „Königin der Ostsee", bei ihrem hohen Bekanntheitsgrad in Deutschland und in Europa. Warum sie diesen Titel unwidersprochen über Jahrhunderte trug, haben wir erfahren, aber daß dem so war, glauben die Menschen heutzutage erst, nachdem sie dem polnischen Danzig einen touristischen Besuch abgestattet haben. Von der Restaurierung der von den deutschen Truppen total zerstörten Warschauer Altstadt abgesehen, gilt der Wiederaufbau Danzigs als herausragendes Beispiel polnischer Denkmalspflege. Schaudernd malt sich der Reisende nach der Rückfahrt vom alten ostpreußischen Königsberg in die alte Hauptstadt Westpreußens aus, Danzig wäre 1945 ebenfalls russisch geworden. Seit 1991 das russische Kaliningrad uns Ausländern zugänglich ist, geht diese fiktive Vorstellung durch viele deutsche Köpfe. Die Aufbauleistung der Polen in Danzig wird gerade jetzt deshalb von uns Deutschen mehr als früher geschätzt, so wie man auch zunehmend deutsche Touristen erlebt, die nach Überquerung der russisch-polnischen Grenze zwischen Preußisch Eylau und Bartenstein heilfroh sind, „wieder in Polen zu sein". Solche Empfindungen hätte noch vor 10 Jahren kein Deutscher bei Besuchen in Deutschlands alten Ostgebieten über die Lippen gebracht.

Aufbauleistung der Polen in Danzig

Ich drehe den Spieß einmal herum und stelle mir vor, auch Königsberg wäre nach 1945 polnisch geworden – eine schöne Vorstellung nicht nur für die alten Königsberger. Denn wenn schon verloren, dann doch lieber polnisch als russisch – so ist der einheitliche Tenor heute bei wohl allen Reisenden, die beide Städte kennen. Da hätten wir manchen Ärger jetzt und in Zukunft weniger: Die russische Exklave Kaliningrad südlich der Baltischen Staaten als strategischen Druckpunkt gäbe es nicht; das Problem der Freizügigkeit auch für interessierte Deutsche wäre mit Polens Mitgliedschaft in der EU vom Tisch; Nord-Ostpreußen sähe um Welten besser aus und Königsberg wäre mindestens im Niveau von Breslau oder Stettin restauriert

Königsberg polnisch …

worden. Bedenken wir, daß Pommern zwischen 1181 und 1945 staatsrechtlich immer zu einem deutschen Staatswesen gehörte und trotzdem (bis 1991) von den polnischen Behörden Stettin als „immer polnisch" auf einem Riesenplakat dargestellt wurde. Ein „polnisches Królewiec" (es gibt ja einen polnischen Namen für Königsberg!) wäre für die Warschauer Behörden leicht herauszukristallisieren gewesen, denn der im 2. Thorner Frieden 1466 erheblich verkleinerte Ordensstaat mußte die Schirmherrschaft des polnischen Königs anerkennen und von 1525–1657 war auch das daraus hervorgegangene Herzogtum Preußen (mit Königsberg) ein vom polnischen König abhängiges Lehen.

„immer polnisch"

Polen als Staatswesen war durch die Jahrhunderte stets größer als ein jeweiliges polnisches Volkstum – im deutschen Fall war es genau umgekehrt: jeder deutsche Staat war kleiner als deutsches Volkstum in Europa gestreut war. Somit wird unterschiedliches Denken und Fühlen bei Polen und Deutschen sichtbar. – Während wir bei „deutsch" an das südlichste Dorf in Südtirol denken können oder an die Siebenbürger Sachsen in Rumänien, denkt ein Pole an alle Staatsgebiete Europas, wo je eine polnische Fahne geweht haben mag – wenn er an „polnisch" denkt. So ist Danzig für ihn über Jahrhunderte „polnisch" gewesen, zumal sie innerhalb der polnischen Krone die größte ihrer Städte war und die reichste zudem. Polen hatte an Danzig also ein überragendes Interesse, fast aller Handel lief über die Weichsel-Metropole. Bis in die neueste Zeit wurde in Polen die Zugehörigkeit Danzigs zu Preußen (ab 1793) als ein (wieder zu korrigierendes) Unrecht, nicht aber als ohnehin zwangsläufige Entwicklung dargestellt. Im Zeitalter der Nationalstaatlichkeit hätten sich Danzigs deutsche Bürger ohnehin für ein deutsches Staatswesen und nicht für ein polnisches entschieden. Auch die Polen hätten dies seit spätestens 1880 wissen müssen, denn schließlich haben sie selbst als Polen in Posen und in anderen preußischen Regionen des Kaiserreiches für ein ethnisch begründetes unabhängiges Polen gekämpft und es auch erstritten. Sie haben das zur Hälfte polnische Wilna in der Zwischenkriegszeit gegen litauische Ansprüche behauptet. Welchen Sinn machte es also, bei nur 3,5 Prozent Polen im deutschen Danzig die Zugehörigkeit zu Polen zu fordern? Nun, daraus wurde ja zunächst nichts, denn die Freie Stadt Danzig war zwischen 1920–39 ein souveräner Staat unter dem Protektorat des Völkerbundes. Polen besaß Danzig zum ersten Mal im Jahre 1945 und die Deutschen waren alsbald verschwunden. Eine „Königin der Ostsee" war sie nicht mehr – das Juwel norddeutscher Backsteinkunst mit unter anderem der größten evangelischen Kirche der Welt war zerstört. Der Impuls für die unglaubliche Aufbauleistung im Polen jener Jahre resultiert wohl aus dem ewigen Wunsch, sie zu besitzen; einen vergleichbar spektakulären Aufbau in anderen einst ostdeutschen Städten gibt es nämlich nicht. Wäre Danzig deutsch geblieben, hätte Walter Ulbricht kein Sonderaufbauprogramm gestartet – wir wissen das, weil wir in Dresden und anderen Städten der früheren DDR dies heute noch studieren können. Es brauchte seine Zeit, bis wir dahinterkamen: ein „schönes Danzig" gibt es heute, weil es 1945 polnisch wurde. Für uns Deutsche wurde die Stadt jedenfalls nicht restauriert. Der bewundernswerte Danziger Aufbau nach 1945 durch die Polen bedurfte der Begeisterungsfähigkeit eines jahrhundertelangen Traumes. Bemerkenswert, daß durch geschichtliche Manipulation auch Gutes entsteht: nur so gelang die Wiederauferstehung der „Königin der Ostsee" als europäisches Juwel.

Überragendes Interesse

Das Zisterzienserkloster Oliva – die heutige Kathedrale des Bistums Danzig – gibt uns die älteste urkundliche Erwähnung der Deutschen im Weichsel-Mündungsgebiet. Durch eine Stiftung des slawischen Pomerellen-Herzogs Subislaw im Jahre 1178 kamen Mönche und Siedler aus dem pommerschen Kolbatz bei Stettin und bildeten so den Auftakt der prußischen Heidenmission.

„Auferstanden aus Ruinen ...“ kommt uns in den Sinn, wenn wir in der Niederstadt von der ehemaligen Schäferei über die Speicherinsel zur Rechtstadt blicken.

Die letzte Lücke im berühmten Panorama der „Langen Brücke” wurde 1993 geschlossen. Von links nach rechts ragen das Englische Haus, der Rathausturm, die Marienkirche und das Krantor heraus.

Die Speicher auf der Bleihofinsel beherbergen heute das Zentrale Meeresmuseum.

Nächste Doppelseite:
Nächtlicher Fensterblick vom Hotel Novotel auf die Marienkirche.

ż Gdańsk S.A.

Bei dem auf der Bleihofinsel vor den Speichern verankerten Dampfschiff samt Krantor scheint es sich um eine Vorkriegsaufnahme zu handeln. Irrtum, 1993!

Vom Hevelius-Hotel unweit des Bahnhofs erschließt sich Danzigs zweitschönstes Panorama: Die Altstädtische Katharinenkirche (vorne) und die Rechtstädtische Marienkirche – vor dem Krieg die weltgrößte evangelische Kirche.

Marienkirche und das Grüne Tor: Haupteingang zum Langen Markt von der Mottlau-Seite.

Vorhergehende Doppelseite: Danziger Panorama vom Bischofsberg.

Eine der berühmtesten Danzig-Veduten: von der Grünen Brücke zur Langen Brücke – so heißt der Mottlaukai bis hin zum Krantor.

Herrlicher Durchblick vom Kuhtor
auf die restaurierten Speicher in der Hopfengasse (Speicherinsel).

Das Milchkannentor an der Neuen Mottlau deckte die wertvolle Speicherinsel. Den linken schrägen Turm nannten die Danziger „Sahnetöpfchen", den rechten Turm „Milchkanne".

Auf die Lange Brücke beim Krantor ist Leben eingekehrt; der Gast früherer Jahre staunt. Sogar eine Buchhandlung mit deutscher Werbung und vielen deutschen Titeln hat 1994 eröffnet.

Beim polnischen Segelschulschiff „Dar Pomorza" im Hafen des benachbarten Gdingen handelt es sich um die einstige deutsche „Eitel Friedrich".

Rechte Seite: Georgshalle (1490) der einstigen St. Georgs-Schützenbrüderschaft.

Spätabendlicher Bummel durch das Grüne Tor zum Rathaus.

Danziger Wappen und Polnischer Adler zieren den Neptunbrunnen.

Rechtstädtisches Rathaus mit dem Neptunbrunnen.

Rathaus mit Langgasse – die „gute Stube" Danzigs.

Das Rechtstädtische Rathaus (es gibt noch ein Altstädtisches) zählt neben denen in Thorn und Breslau zu den größten Backstein-Rathäusern der Welt.

Die Restaurierung des Roten Saals (Sommerratsstube) in diesem Rathaus zählt zu den bedeutenden Leistungen polnischer Denkmalspflege.

Die Decke des Roten Saales (1608) zeigt einen Triumphbogen in der Weichselniederung mit aufgesetztem Panorama der Stadt Danzig.

יהוה
ISTA SERVAT
SUB HIS ALIS
1608
HIS FULCRIS
COELESTI
JUNGIMUR ARCO

Danzigs Rechtstadt vom Turm der Marienkirche:
mit Krantor, Bleihofinsel, Johanniskirche und Heiliggeistgasse.

Linke Seite: Langer Markt mit Grünem Tor.

Oberer Giebel des Steffenschen (oder: Goldenen) Hauses: mit Skulpturen und Statuen zwischen 1609 und 1617 geschmückt.

Aus dem deutschen (97,5 % der Einwohner) wurde ein polnisches Danzig, aus der evangelischen Marienkirche eine katholische Basilika, aber die Krone über den beiden Kreuzen im Stadtwappen blieb.

In der Marienkirche hängt die (gelungene) Kopie des „Jüngsten Gerichts" (1473) des fränkischen Malers Hans Memling.

Blick in die Frauengasse vom Turm der Marienkirche. Das Frauentor schließt diese schönste aller Danziger Gassen zur Mottlau ab.

Frauengasse mit „Beischlägen" – besonders malerisch Anfang August, wenn der traditionelle Dominik-Markt für Atmosphäre sorgt.

Eine Hausinschrift in der Frauengasse nach dem Motto: „Lieber reich und gesund, als krank und arm." Besser läßt sich die Selbstsicherheit des Danziger Patriziats nicht dokumentieren. Danzig war 1650 die viertgrößte Stadt Mitteleuropas (77 000 Einwohner) nach Prag, Köln und Straßburg.

Deutsche Sprache, schwere Sprache! „Bernstein" leitet sich übrigens von „Brennstein" ab – bitte nicht ausprobieren!

Der meiste Bernstein kommt heute wie früher aus dem Bernsteintagebergwerk Palmnicken in Nord-Ostpreußen – also heute aus Rußland.

Fassadenschmuck in der Langgasse.

Drei für Danzig prägende Wappen: das westpreußische (Preußen königlichen Anteils), das polnische und das Danziger.

Westpreußen war zwischen 1808–1824 und zwischen 1877–1919 selbständige Provinz mit der Hauptstadt Danzig.

Erstes deutsches Nachkriegs-Straßenschild in Danzig (seit 1991), früher gab es das nur in polnisch, englisch und russisch.

Russisches Ehrenmal beim Danziger Garnisonsfriedhof: „Den russischen Soldaten, die bei der Befreiung (1813) Danzigs (sic!) gefallen sind."

Sitz des Völkerbundkommissars für Danzig 1919–39: zuletzt für den Schweizer Carl Jakob Burckhardt; früher Sitz des Generalfeldmarschall von Mackensen, heute ein Studentenclub.

Blick über Danzig Richtung Langfuhr vom Turm der Marienkirche.

Die 1904 gegründete Technische Hochschule beherbergt heute die Universität. Die Vorkriegs-TH hatte 2000 Studenten und 68 Professoren, unter denen der Chemie-Nobelpreisträger (1939) Adolf Butenand herausragte.

Der Stadtturm
„Kiek in de
Kök".

Die Freie Stadt Danzig besaß eigene Briefmarken, nur die polnische Westerplatte und die polnische Post am Heveliusplatz benutzten spezielle polnische Danzig-Marken „Port Gdańsk (Hafen Danzig)", die allerdings nur für den Verkehr nach Polen Gültigkeit besaßen.

Alljährliche Gedenkfeier am 1. September an der „Polnischen Post" in Danzig in Erinnerung an die (als „Franktireure") durch die deutsche Brigade Eberhardt kurz nach Kriegsbeginn 1939 erschossenen polnischen Postbeamten.

Deutsche Touristen besuchen die Westerplatte – 55 Jahre nach Ausbruch des Zweiten Weltkrieges an dieser Stelle.

Seesteg in Zoppot – einst eine legendäre Adresse des europäischen Badetourismus.

Das Werftarbeiter-Denkmal der Solidarność wurde am 12. 12. 1980 in Danzig errichtet und symbolisiert rückblikkend den Beginn des Zusammenbruchs des kommunistischen Ostblocks.

Zoppot, Grandhotel – das führende Ostsee-Weltbad vor dem Kriege – neben Travemünde, Misdroy und Rauschen.

Nächste Doppelseite:
Nächtliches Panorama in Danzig.